# PIADAS NERDS

As melhores piadas de MATEMÁTICA

IVAN BARONI
LUIZ FERNANDO GIOLO
PAULO POURRAT

# PIADAS NERDS

## As melhores piadas de MATEMÁTICA

1ª edição

Rio de Janeiro-RJ / Campinas-SP, 2012

VERUS editora

**Editora:** Raïssa Castro
**Coordenadora Editorial:** Ana Paula Gomes
**Copidesque e Revisão:** Anna Carolina G. de Souza
**Capa e Projeto Gráfico:** André S. Tavares da Silva
**Ilustrações:** Carlos Ruas



ISBN: 978-85-7686-172-0



**Verus Editora Ltda.** Rua Benedicto Aristides Ribeiro, 55,
Jd. Santa Genebra II, Campinas/SP
13084-753 | Fone/Fax: (19) 3249-0001 | www.veruseditora.com.br

**CIP-BRASIL. CATALOGAÇÃO NA FONTE**
**SINDICATO NACIONAL DOS EDITORES DE LIVROS, RJ**

B245p

Baroni, Ivan
Piadas nerds : as melhores piadas de matemática / Ivan Baroni, Luiz Fernando Giolo, Paulo Pourrat ; [ilustrações Carlos Ruas]. - 1.ed. - Campinas, SP : Verus, 2012.
il.

ISBN 978-85-7686-172-0

1. Matemática - Anedotas. 2. Humorismo brasileiro. I. Giolo, Luiz Fernando. II. Pourrat, Paulo. III. Título.

11-8513 CDD: 869.97
CDU: 821.134.3(81)-7

Revisado conforme o novo acordo ortográfico

# AGRADECIMENTOS

Nosso agradecimento especial a nosso amigo professor Kauan Pastini Paula Leite, que fez aqui um excelente trabalho analítico e continuamente nos auxiliou na otimização deste livro. Licenciado em matemática pela Unicamp, Kauan Pastini Paula Leite é professor de matemática no colégio Dom Barreto e professor e coordenador geral do curso pré-vestibular Cooperativa do Saber, em Campinas/SP.

Este livro também não seria possível sem as sugestões de matemáticos, engenheiros e demais nerds de exatas que nos enviaram muitas das piadas aqui publicadas. N vezes obrigado a vocês:

@_DaniloO, @LeticiaMacedo, @9gag, @adrivazpraonde, @alantiel, @Allan_Medeiros, @allancamillo, @anagbr, @Andre_Cristian, @andre_noel, @andrealvesgomes, @andrehena, @AndrewCaze, @augustotgp, @bigheadbr, @brunosindicic, @Bruwnie, @btco, @carlacristinass, @Chrised, @ClaudioToush, @cleydyr, @dalilaborba, @Danilobcz, @davibala, @davidexel, @davimariel, @dekonomics, @delcastanher, @DeysiDias, @diegogoec, @Dimitribr, @DiogoHilario, @donatoaz, @DuFaim, @dulcidio, @e_quantum, @efinatto, @emilio_garras,

@engdadepressao, @erigobeli, @fabinbass, @fagnermmiranda, @fas1992, @fernandoasevedo, @fheduardo, @filipebra, @gabriel_hp, @GigiNucci, @guga_fm, @guigagirl, @Guilher_me, @guiods, @gvpm, @hericdehon, @iagoslavia, @iltonjr, @itadeufa, @iu_oliveira, @jasonptodd, @jeff_pedro, @jf_viana, @JoaoGnoato, @jodevan, @JorgGonca, @jricardogarcia, @JubaUno, @JulBorella, @JuvencioAlmeida, @kaueserra, @Krol_ana, @LeandroMarconi, @LehVelasco, @LipeBarba, @lucas_mora, @lucascacau, @LucasCarralas, @LuckMirror, @LuhLuhLucas, @MarceloNovaes, @marcoscastro, @marinafm, @MarioRinaldi, @MateusCaruccio, @matheusgcass, @mbertanha, @melodaf, @miguelitoBR, @milamesmo, @millesalvi, @mullerjones, @PamQuinzani, @pauladts, @paulogualberto, @pedreiro_online, @Pedro_Stand, @pedrohfarinazzo, @peotta, @physicistAngel, @pradsprads, @ProfMaximvs, @RafadeMedeiros, @RAFAEL_K_N, @RafaelAbrantes, @rafaelcomph, @rafaelterras, @RGuilardi, @ricardonbraz, @RiccardoAranha, @Rjpinheiro, @RodolfoScotolo, @rubiagaissler, @SamueelMedeiros, @saomuel, @sensacionalista, @sigammeosmaus, @souzaw, @strong_wind, @tatahponey, @Tatiane_Costa, @tavoles, @teddymagalhaes, @valfernandees, @valivonica, @venturieta, @VictorRomero85, @vigkk, @Viitorecv, @Viniculoo, @waoint, @williamguedes_, @willian_cintra, @yumizinha, @zhldh.

# SUMÁRIO

## 4. Cálculo e matemática no ensino superior

# INTRODUÇÃO

Matemática geralmente é a mais temida das matérias, o grande bicho-papão escolar. Não é para menos, todos tememos o desconhecido, e, se você pegar um livro de matemática para ler, não é preciso virar muitas páginas para o "mistério" começar: descubra isso, encontre aquilo, ache aquele valor... É muita coisa desconhecida junta!

Logo de cara, temos que encontrar o mais conhecido de todos os desconhecidos, o intimidador X, uma entidade com sérios transtornos de personalidade. Veja só: ele é uma letra, mas representa um número, no entanto pode representar dois números ao mesmo tempo, ou até um conjunto infinito de números! Quer mais? Pode ser outra letra, que, por sua vez, pode representar uma combinação de letras e números e ainda pode variar em um certo intervalo!

"Ah, professor, encontrar o X só é útil se você for um pirata!"

Pode até ser, mas a verdade é que, no fundo, somos todos piratas (apesar de esperarmos que você não seja do tipo que xeroca livro de piadas). Gostamos de nos aventurar em mares desconhecidos. Apesar das dificuldades, exploramos. São muitos os desafios desse mar de números, fórmulas e relações que a matemática nos dá, mas também há tesouros de valor $\infty$, capazes de nos fazer entender melhor o universo em que vivemos. Calcular é preciso.

E, depois de algum tempo em alto-mar como um ponto flutuante na imensidão, alguns se sentirão enjoados com o balanço periódico das ondas, mas não o verdadeiro pirata: este navega com maestria, usando seno e cosseno para manusear teodolitos e sextantes, medindo distâncias em mapas com o compasso, como nos filmes de aventura. Ele nunca se perde!

E os tão temíveis perigos desconhecidos? Ora, piratas riem na cara do perigo – *Ha-ha-haarrrgh!* E então nos damos conta de que é impossível ter medo de algo de que conseguimos rir. Foi inspirados nessa filosofia que reunimos, neste "tesouro" que está em suas mãos, as melhores piadas de matemática. Depois deste livro, garantimos que você nunca mais vai ouvir "isole o x" sem ao menos esboçar um sorriso no canto da boca. Sua insegurança vai andar na prancha, e, quando sair a lista de aprovados no vestibular, você vai comemorar com uma garrafa de rum.

Para finalizar, podemos dizer que este é um livro literalmente ótimo, pois é derivado do perfil de Twitter @PiadasNerds em seu ponto máximo, portanto tem o maior volume de humor usando a menor área de papel.

Desejamos risadas contínuas, até mesmo para você que ri de forma discreta.

"A lousa de um matemático é como um quadro de arte abstrata: alguns acham maravilhosa e se encantam, já outros enxergam um monte de rabiscos sem sentido."

*@PiadasNerds*

# 1. ÁLGEBRA

## Conjuntos, lógica e números

Matemático contando uma historinha de ninar: "Considere três porquinhos aleatórios: $P_1$, $P_2$ e $P_3$; e um lobo $L_m$ genérico, mau por definição..."

Rezei 1/3 para encontrar 1/2 de te levar para 1/4 e fazer do seu pai 1/9. Aceita 1/6 de flores?

Gata, não sou tabuada do 2, mas quero ser seu par.

– Maurício, você está bêbado de novo?
– Claro que não, Jandira! (hic)
– Tá sim, aposto que não consegue nem fazer uma conta simples.
– Ah, é? Então manda! (hic)
– Quanto é 51 dividido por 2?
– Essa é muito fácil, dá meio litro para cada um! (hic)

Não basta ser pai, é preciso ensinar valores!
Por exemplo: $\pi = 3{,}14159...$,
$e = 2{,}718...$, $\varphi = 1{,}618...$

Tirando uma foto da família do matemático: "Quanto vale o comprimento dividido pelo diâmetro da circunferência?" Todos respondem: "π!"

Meu amor por você é como o π: irracional e sem fim.

Como se faz para piorar?
Leva o π para a igreja e dá ⅓.

O que o cachorro π faz?
Pilates.

– Onde o π acaba?
– No Paraná.
– Por quê?
– Paranapiacaba.

Ofensa de matemático: "Sua mãe é tão burra que só sabe duas casas decimais do π".

Por que o π não sai fantasiado no Carnaval?

Porque, da última vez que tentou, Pierrô.

O que um matemático algebrista coloca na salada?

α-ce, ππ-no, τ-mate, χ-abo, μ-lho-verde e β-raba.

O que o i falou para o π?

– Seja Racional!

E o que o π respondeu?

– Caia na Real!

Quando te vejo, sinto que meu coração foi dividido por zero... Não tem como definir!

Gata, um dia (você + eu) estaremos elevados a zero, pois seremos um só.

Casar-se com um príncipe não é algo ℕatural, mas também não chega a ser ℂomplexo, então só pode ser um casamento ℝeal.

Como o matemático cerca todas as ovelhas do mundo?
Faz um cercado em volta de si mesmo e se define estando do lado de fora.

Matematicamente filosofando:
Seria uma lombada um $(\text{buraco})^{-1}$?

Se 666 é o número da besta, seria 443556 o número da besta quadrada? Falando nisso, eu sempre achei o 333 um número meio besta...

666

O NÚMERO
DA BESTA

443556

O NÚMERO
DA BESTA QUADRADA

Como o filho do matemático pede para usar o banheiro? "Papai, preciso fazer 9,87...!"

Definição matemática de dupla sertaneja: par ordenado pertencente ao conjunto Goiás.

Sua mãe é tão burra que precisa usar o botão % da calculadora para achar porcentagens.

Existem 10 tipos de pessoas no mundo: as que entendem binário e as que não entendem.

Ofensa de matemático: "Sua mãe é tão burra que, se tirar 10 na prova de binários, acha que foi bem".

O número 10 encara o 2.
Revoltado, o número 2 diz:
– Você é grande, mas não é dois!
– Ah, é? Então vá estudar a base binária!

O pai matemático ensina ao filho que também se fala Ben 2, 5 dálmatas e que o Bombril tem apenas 9 utilidades.

O que é que tem asa, mas não voa; tem bico, mas não bica; e pode valer 0 ou 1?
Boole.

A professora de matemática chega na casa de sua mãe:

– Mãe, já sei o sexo do bebê.

– Que bom, minha filha. É menino ou menina?

– Sim.

O garoto mais nerd da classe chega em casa:

– Mãe, chegou o boletim.

– Você foi bem ou mal em educação física?

– Isso mesmo!

Por que os matemáticos ingleses sempre confundem o Natal com o Halloween?

Porque 31 oct. = 25 dec.

O que o MMC estava fazendo no pé da escada?

Esperando o MDC.

O que uma socialite matemática chique foi fazer na Daslu?

Comprar uns produtos notáveis!

– Gata, seus pais são matemáticos?
– Não! Por quê?
– Porque você é um produto notável!

Por que números romanos invadiram a corte inglesa? Porque descobriram que também eram números reais.

Minha opinião sobre primos: não dividem com ninguém.

Por que o 3 não pode se casar com o 7?
Porque são primos. O que é uma pena, pois eles formariam um casal 10!

– Se sua casa tem menos que 4 quartos, ela não pode ser considerada uma casa inteira.
– E se tiver mais do que 4?
– Aí é um sobrado.

Professora: – E então, pela propriedade comutativa, a ordem dos fatores não altera o resultado.

Joãozinho: – Ah é, professora? Então experimente dormir uma noite com José Maria e outra com Maria José.

Professora: – Mas para dormir com alguém, sr. Joãozinho, é preciso dividir a cama, e divisão não é comutativa.

Filho chegando em casa:

– Hoje o professor contou uma piada sobre grandezas escalares.

– E foi boa?

– Não, não teve sentido!

Resolver equações na Roma Antiga era bem mais fácil. Afinal, o valor de X era sempre 10.

Num avião estavam quatro romanos e um inglês. Qual era o nome da aeromoça?
Ivone.

Qual é a palavra com 7 letras que eu tiro 5 letras e fica com 11?
ABACAXI.

Qual é a palavra com 8 letras que eu tiro 4 e continuo com 8?
Biscoito.

Ao perguntarmos para o romano quanto é a metade de 13, o que ele responde?
Se for na horizontal, é 8.

Matemático tentando filar o lanche do colega:
"Se você dividir seu lanche comigo, que sou só um, ele continua inteiro. Mas, se dividir com 0, ele nem vai existir".

Chuck Norris divide por 0 e ainda obtém resultado real!

Chuck Norris ganha do espelho no par ou ímpar, escolhendo ímpar.

Chuck Norris sabe qual é o último algarismo decimal do π.

# Equações algébricas e funções

Como um matemático come um X-Burger?

Começa pelo pão e pelo burger, só para poder isolar o X.

Nem vem, pai, você está mais por fora do que X em evidência.

Jesus foi reprovado em matemática quando lhe apresentaram o seguinte problema: "Você tem 2 pães e 3 peixes, quantos alimentos tem no total?"

Pai do japonês: "Encontre o X... ou encontre um novo lar para morar!"

Na aula de educação física:
Professor: – Qual é a função do goleiro?
Joãozinho: – $f(x) = ax^2 + bx + c$ (Para-bola).

E então Jesus diz:

– Irmãos, $x^2 + 4x - 7$.

Mateus, envergonhado, responde:

– Senhor, não entendi...

Pedro explica:

– Mateus, é só mais uma parábola!

Como curar queimaduras de segundo grau?
Usando pomada de Bhaskara. Resolve fácil.

O herói mascarado tem uma terrível equação de segundo grau para resolver. Qual o nome do filme?
A Bhaskara do Zorro.

Filosofia de matemático: "A vida é uma função na qual o tempo é o domínio e nós somos a imagem".

Procure uma namorada matemática, pois para ela discutir a relação é verificar se ela é uma função e, caso seja, se é injetora, bijetora ou sobrejetora.

Por que a $f(x)$ teve que ir para a reabilitação?
Porque é uma variável dependente.

Por que $f(x) = x$ foi internada?
Porque é uma função injetora.

Se minha namorada não for uma função injetora, significa que sou corno?

Se FX é o canal do homem, seria f(x) o canal do matemático?

Variáveis dependentes... Funções injetoras... É por isso que um livro de matemática tem tantos problemas!

Qual é a diferença entre a função $f(x) = |x|$ e as pessoas?
As pessoas têm um lado negativo.

A vida é cheia de pontos positivos e negativos. Por isso, no fim do ano deseje a seus familiares um Ano Novo em módulo.

Garota matemática escrevendo em seu diário:
"Querido diário, estou me sentindo mais ignorada do que sinal negativo dentro de módulo".

Sua mãe é tão gorda que a balança dela é em escala logarítmica.

Minha felicidade é inversamente proporcional ao quadrado de nossa distância. Queria estar a 1 épsilon de você.

MENINA, COMO VOCÊ EMAGRECEU.
SÃO MINHAS PÍLULAS DE MULTIPLICAÇÃO POR ESCALAR. EXPERIMENTE.
UMA SEMANA DEPOIS
NOSSA, O QUE ACONTECEU?
SÓ TINHA PÍLULAS ENTRE O E -1.

# Números complexos

“Em vez de "variáveis complexas", a matéria deveria se chamar "variáveis esquizofrênicas", já que lida com números imaginários...

Que estado vai dos números irracionais aos complexos?
Piauí.

Calvin não gosta de matemática. Mas mal sabe ele que já está familiarizado com o conceito de número complexo. Afinal, Haroldo tem parte real e parte imaginária.

Meu professor de matemática tem uma cabeça complexa: uma parte do seu cabelo é real, mas a outra é imaginária...

= √-1

O que é um menino complexo?
É um que tem a mãe real e o pai imaginário.

Matemático contando para a filha uma triste verdade da vida:
"Filhinha, na realidade, o Papai Noel está mais para raiz quadrada de -1..."

O que a Cássia Eller disse para a $\sqrt{-1}$?
"Bobeira é não viver a realidade..."

Todo matemático teve um amigo de infância que era a raiz quadrada de -1.

Tenho um relacionamento complexo: eu sou real, mas ela é imaginária.

Minha nota = 0 + 10i, porque sempre imagino que fui bem, mas na realidade...

Com número complexo não se discute, afinal ele sempre terá argumento.

Como você resolve um problema psicológico de um número complexo?
Basta somá-lo ou multiplicá-lo pelo conjugado que ele cai na real.

Se um dia o Brasil virar socialista, teremos que mudar nossa moeda de real para complexo, pois nos complexos não há ordem de grandeza.

Uma mulher para mim é apenas um número... complexo!

# Sequências, séries e progressões

Nunca discuta com uma PA nem com uma PG. Elas sempre têm razão.

Meu amor por você é como PG de razão maior que 1. Tende ao infinito!

Um matemático tinha uma PA e queria cavar um buraco maior. O que ele fez?
Comprou uma PG.

MULHER É QUE NEM P.G.
SEMPRE TEM RAZÃO.
2, 4, 8, 16, 32...

Fibonacci, quando criança, contava carneirinhos para dormir assim: 1, 1, 2, 3, 5, 8, 13, 21, 34, 55, 89, 144...

Qual é a comida que engorda na razão áurea?
Fibonachos.

A serie $\sum_{i=0}^{n}(\text{nosso amor})^i$ diverge, pois (nosso amor) é maior, bem maior que 1!

Um grupo infinito de matemáticos entra num bar. O primeiro chega ao balcão e pede uma dose. O segundo, apenas ½ dose. O terceiro, ¼ de dose. Zenão, o barman, diz: "Ok, já entendi!" e põe duas doses na mesa.

Chuck Norris consegue criar uma PA e uma PG com os números primos usando como razão a geratriz de π.

# Matrizes e sistemas

PAF!
TRANSPOSTAAAAA!
$[X_1\ X_2\ X_3\ X_4\ X_5]$

Está com dificuldades para escalonar? Deixe que Sylvester Escalone!

Que tipo de matriz você nunca encontrará no topo do Everest? Matriz escalonada.

Neo precisa encontrar de uma vez por todas os autovalores de uma matriz. Qual o nome do filme? Matrix Resolutions.

Por que um matemático seria o melhor indicado a capitão do Bope?
Porque ele conhece e sabe resolver o sistema.

Capitão Nascimento fazendo o dever de matemática: "É, parceiro, o sistema é foda! Mas lição dada é lição cumprida".

# 2. GEOMETRIA E TRIGONOMETRIA

## Medidas de arcos e ângulos e trigonometria no triângulo retângulo

John Lennon estudando trigonometria: "Let it π, let it π..." ♪

O π e o X conversavam.
X: – Ei, π, que número você representa?
O π responde baixinho:
– 3,14159...
X: – O quê? Fale mais alto!
Então o π diz: – 180°!

QUAL FOI SUA
NOTA EM
TRIGONOMETRIA?
ĨĨ...ĨĨ...
ĨĨ...ĨĨ...

Qual o nome da banda do professor de geometria?
Los Ângulos.

Na Festa do Triângulo estavam o seno, o cosseno, o ângulo reto e a hipotenusa. O que o cateto adjacente disse para o cateto oposto?
"Nossa, cotangente!"

Qual é o animal com mais de 3 e menos de 4 olhos?

O πolho.

E como fica quem o pega?

Cosseno.

O que o seno respondeu quando o cosseno bateu à porta do banheiro?

"Tangente!"

# Funções trigonométricas

Mulher na TPM fica com o humor meio $f(x) = sen(x)$.

O que o matemático usa para acabar com as espinhas?
Função secante.

Todo curso de exatas tem sempre garotas seno e cosseno: aquelas que temos de elevar ao quadrado e somar para virar uma!

Quais são os cachorros de desenho animado preferidos dos matemáticos?

Cos(t') e Is Cube.

Se a vida fosse um círculo trigonométrico, meu amor por você iria na mesma direção que a tg($\pi/2$).

Gata, um dia eu serei seu $sen^2(\o)$ e você será minha $cos^2(\o)$, pois juntos seremos 1!

Matemático ajudando a esposa a acertar o relógio depois do horário de verão:

– Agora mova o menor vetor de ponteiros arcsen(0,5) graus.

– O quê?!

– Atrase o relógio em uma hora!

# Geometria plana

– Você sabe o que é um vértice?
– Não.
– Então vamos ali no cantinho que eu te mostro.

Gata, sem você minha vida perde uma dimensão, fica plana, chata...

Acho que eu e minha alma gêmea somos paralelas: só vamos nos encontrar no infinito.

Por que o acrófobo foi reprovado em geometria?
Porque quem tem medo de altura não calcula área de triângulos, de retângulos nem de trapézios.

Como se chama o triângulo com cavalos por todos os lados?
Triângulo equilátero.

Uma placa de gelo tem 1 cm de largura e 2 cm de comprimento. Qual é o nome do filme?
A área do gelo 2.

O legal é ter cama de casal para poder deitar na diagonal e se sentir uma hipotenusa.

Chuck Norris faz um triângulo com três ângulos retos no plano.

O que é pior do que cair um raio na sua cabeça?
Cair um diâmetro.

Qual era o cavaleiro mais redondo dentre os Cavaleiros da Távola Redonda?
Sir Cunferência.

OBRIGADO POR VIREM, SIR LANCELOT, SIR GALAHAD, SIR CUNFERÊNCIA...

Quantos franceses cabem em uma circunferência?
Dois Pierre.

Quantos moleques cabem em uma circunferência?
Dois Pi-raio.

Quem é o chefe da máfia da periferia do círculo?
Dom Pierre.

# Geometria espacial

"É proibido fumar nesta área." Já repararam que, tecnicamente, deveria ser "É proibido fumar neste volume"?

O que é uma forma geométrica de volume $2\pi r.h$ na Rússia, em 1917?
É um cilindro de revolução.

Qual o volume de um tigre morto?
$4\pi R^3/3$ , porque é uma ex-fera.

Sua mãe é tão gorda que, se ela fosse uma rainha egípcia, as pirâmides teriam de ser cones!

Seja "a" a altura e "z" o raio, qual o volume da pizza?
Pi.z.z.a.

# Geometria analítica

Qual é a cor do plano cartesiano?
Coordenada.

Por que a água é cor de nada?
Porque vem do poço cartesiano.

O que uma reta reversa disse à outra?
Você não está nos meus planos.

O que a foca foi fazer na elipse?
Procurar os focos.

Três pontinhos não colineares estavam conspirando: "Acho que temos um plano".

Como se faz para desmaiar um vetor?
Apague a pontinha que ele fica desorientado.

De nada adianta encontrar o sentido da vida se você não souber o módulo nem a direção.

Como o Papai Noel calcula o caminho de volta para casa?
Usando coordenadas polares.

Kiko: – Cadê a minha bola quadrada?
Prof. Girafales: – Ora, Kiko, é só aplicar uma mudança de coordenadas!

Este meu coração elíptico, quando te vê, fica circular, pois você passa a ser meu único foco!

O que é um urso polar?
É um urso retangular depois de uma troca de coordenadas.

Qual sistema de coordenadas varia bruscamente do positivo para o negativo?
Coordenadas bipolares.

Como um matemático aproveita o Dia da Independência?
Estudando vetores linearmente independentes.

Por que o vetor foi morar sozinho?
Porque era linearmente independente.

# 3. ESTATÍSTICA

## Probabilidade

Loteria é o imposto cobrado de quem não tem conhecimentos em probabilidade.

Por que o tarado virou estatístico?
Porque adora pôr no gráfico.
E por que toda essa fascinação em pôr no gráfico?
Por causa das curvas.

Por que o estatístico foi convidado para a São Paulo Fashion Week?

Porque entende tudo de média, mediana e moda.

A matemática está na moda. Na média e na mediana também.

Por que o professor de estatística não estava na sala?

Porque foi dar um passeio aleatório.

# Regressão e inferência

Algumas pessoas usam a estatística como um bêbado usa um poste: mais pelo apoio do que pela iluminação.

33% dos acidentes de carro envolvem pessoas embriagadas. Logo, 67% envolvem pessoas sóbrias. Conclusão: perigoso mesmo é dirigir sóbrio!

92% dos brasileiros são ruins em matemática, os outros 16% são péssimos!

Estatística é a arte de torturar os números até que eles confessem.

A chance de ser morto por um conhecido é duas vezes maior do que a de ser morto por um estranho. Ou seja, fale apenas com estranhos!

A taxa de natalidade é o dobro da de mortalidade. Portanto, uma em cada duas pessoas é imortal!

"A morte de uma pessoa é uma tragédia; a de milhões, uma estatística."
Joseph Stálin (1879-1953)

Comprovado: fazer aniversário faz bem à saúde. As estatísticas mostram que pessoas que fazem mais aniversários vivem mais.

Comprovado: 5 em cada 4 pessoas têm problemas com frações.

Comprovado: 63% de todas as estatísticas são inventadas! Inclusive esta...

Comprovado: a taxa de gravidez na adolescência cai significativamente depois dos 25 anos.

Comprovado: mendigos e sem-teto têm os menores índices de acidentes domésticos.

Comprovado: pesquisas são a maior causa de câncer em ratos.

Comprovado: o cigarro é a maior causa de estatísticas.

Crianças norte-americanas são tão inteligentes que, aos 4 anos, quase 100% já falam inglês!

Estatísticas comprovam: água causa câncer. Segundo os cientistas, 100% dos doentes beberam água.

Estatísticas não mentem. Está estatisticamente provado!

Comprovado: o casamento é a causa número 1 do divórcio.

Existem no mundo dois tipos de pessoas. As que conseguem extrapolar a partir de dados incompletos e _______________.

Extra: estudos revelam que 3 em cada 4 brasileiros representam 75% da população.

Extra: segundo o IBPI (Instituto Brasileiro de Pesquisas Inconclusas), 4 em cada 10 mulheres...

Ibope: se as eleições fossem hoje, 67% dos eleitores iriam à praia.

Não acredito em estatísticas. Desde que soube que 3 em cada 5 são falsas, parei de acreditar.

Por que o estatístico batizou apenas um de seus filhos gêmeos? Porque resolveu manter o outro para "controle".

Caso tenha medo que alguém leve uma bomba no avião, leve-a você mesmo, pois a chance de duas pessoas levarem uma bomba é MUITO menor.

Uma pesquisa diz que 76% das pessoas dormem seis horas por dia, enquanto as outras 34% não. Conclusão: o pesquisador não sabe somar até 100.

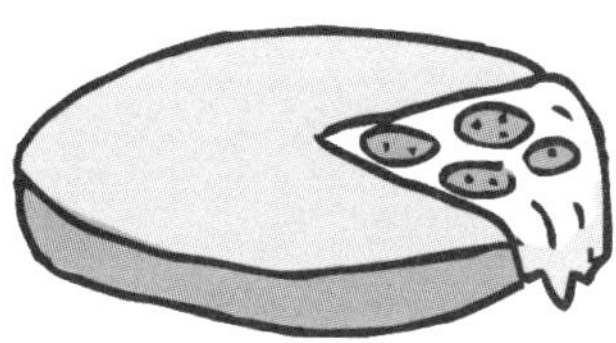

O que acontece com o estatístico preso na cadeia de Markov? Fica com zero grau de liberdade.

Em terra de cego, quem tem olho é "outlier".

# 4. CÁLCULO E MATEMÁTICA NO ENSINO SUPERIOR

## Limite

Esposa do matemático: – Você tem que ensinar limites ao nosso filho. Matemático para o filho:

– ... Então, quando x tende a zero pelos positivos, na função $1/x$, o limite é o infinito, já quando é pelos negativos...

Professor de cálculo dando bronca na classe: "Chega! Paciência tem limite e a minha não tende ao infinito!"

Gata, quando você tende a mim, a função amor não tem limite!

Quero você em tempo integral para levá-la além dos limites e, no final, fazermos o teorema do sandwich.

Pai do japonês: "Descubra os limites, ou descubra que minha paciência tende a zero muito rapidamente".

ME SINTO TÃO INSIGNIFICANTE...
PELO MENOS VOCÊ É MAIS DO QUE NADA.

# Derivada

Professor: – Hoje a aula vai acabar mais cedo porque estou com uma dor de cabeça constante!
Joãozinho: – Já tentou usar a derivada?

Como deixar um X.salada mais saudável?
Derive-o e fique apenas com a salada.

Por que funções de segundo grau não pegam metrô com funções de primeiro grau?
Porque não gostam de se misturar com as funções "diferenciadas"!

Por que a função h(x) não tem segunda derivada?
Porque h' tem bico.

Qual é a função cuja derivada adora mel?
a.B(x).

E qual função cuja derivada produz lã?
o.V(x).

Qual político e militar brasileiro teve derivada igual a zero?
Benjamin Constant.

Por que a derivada de f(x) no ponto x = 0 é órfã?
Porque f'(0).

Meu amor por você é exponencial, portanto nada que derive dele será nulo.

Qual é a regra da cadeia?
[ ] $(f(g(x)))' = f'(g(x))\, g'(x)$.
[✔] Dormir com a bunda virada para a parede.

Pai do japonês: "Estude cálculo diferencial, ou a vida vai te ensinar na prática a regra do tombo e a regra da cadeia!"

INTEGRO TUDO AO SENHOR, POIS É DELE QUE TUDO DERIVA.

Integral

Mulher de Newton: "Bom dia, amor! O café da manhã de hoje tem leite integral e seus derivados, seu favorito!"

Por que a manteiga é derivada do leite?
Porque o leite é integral.

Qual foi a matemática mais usada na Pré-História?
Cálculo de primitivas.

Por que as integrais brigam mais que as derivadas?
Porque são mais primitivas.

Como ficar rico a partir de um queijo?
Ache a integral dupla e vire criador de gados.

Gata, eu não sou $\int 1dx$, mas para você eu tô facinho, facinho...

Na Festa das Funções, o $e^x$ estava isolado num canto.
O sen(x) o chama:
– Ei, $e^x$, venha se integrar!
E o $e^x$ responde:
– Pra quê? Dá na mesma.
Então, o sen(x) insiste:
– Deixe de ser bobo, rapaz, ao menos uma constante você ganha.

Qual é a comida favorita do matemático?
Comida integral.
E de que modo ele come?
Por partes.

Qual é a integral da salada?
É o X.salada (+ a constante, que pode ser ketchup ou maionese).

O que faz um estudante religioso de cálculo?
Integra tudo nas mãos de Deus, pois é dele que tudo deriva e o céu não tem limite.

Pelos poderes de Green-Stokes! Eu tenho a dp/dt! Ah, que saudade do desenho do Riemann!

# Ensino superior em geral

– Mãe, descobri que tenho um rim inteligente!
– Como assim?
– É que o médico disse que ele faz cálculos.

Todo mundo sabe que futebol, religião, política e o verdadeiro criador do cálculo diferencial não se discute!

Professor de cálculo em dia de aniversário: "Fica! Vai ter boulos!"

Não é tudo da matemática que eu gosto. Por exemplo, sempre achei algumas equações diferenciais ordinárias.

Professor: – Mas como você chegou à resposta correta com esses cálculos errados?
Aluno: – Usei a transformada de Copperfield!
Professor: – E como esta matriz virou esta outra?
Aluno: – Usei o operador mandrakiano.

Por que o estudante de cálculo numérico não afunda?
Porque ele usa ponto flutuante.

O que são 4 matemáticos num karaokê?
Um conjunto de Cantor.

Cálculo é uma droga que não vicia, mas pode causar dependência no fim do semestre.

Minha alma gêmea é como a resposta para o último teorema de Fermat: um dia ainda vou encontrar.

Por que a galinha atravessou a faixa de Möbius?
Para chegar ao mesmo lado.

Um matemático fica hipnotizado pelo padrão repetitivo de uma figura. Qual é o nome do filme?
Atração fractal.

Quer ler mais piadas como essas?
Acompanhe o Piadas Nerds na internet:

Twitter
@PiadasNerds

Facebook
www.facebook.com/CurtirPiadasNerds

E conheça os outros livros da coleção em:
www.piadasnerdsbooks.com.br

markgraph

Rua Aguiar Moreira, 386 - Bonsucesso
Tel.: (21) 3868-5802 Fax: (21) 2270-9656
e-mail: markgraph@domain.com.br
Rio de Janeiro - RJ